함께

_____ 님께

인생을 바꾸는 힘은

남과 함께 하는 마음에 있습니다.

당신에게 타인과 맺어지는

소통의 용기를 전합니다.

TSUNAGARU YUKI by Toshinori Iwai
Copyright ⓒ Toshinori Iwai 2015

All rights reserved.
Original Japanese edition published by Makino Shuppan Co., Ltd., Tokyo.
This Korean language edition is published by arrangement with Makino
Shuppan Co., Ltd., Tokyo in care of Tuttle-Mori Agency, Inc., Tokyo through
TONY INTERNATIONAL, Seoul.

이 책의 한국어판 저작권은 토니 인터내셔널과 Tuttle-mori Agency를 통한
권리자와의 독점계약으로 한국경제신문 (주)한경BP에 있습니다.
신 저작권법에 의해 한국 내에서 보호를 받는 저작물이므로 무단 전재와 복제를 금합니다.

아들러 심리학 포토에세이

나에게 용기를 주는 한 마디
함께

이와이 도시노리 지음

황소연 옮김

한국경제신문

INTRODUCTION

이 책은 눈으로 보고 마음으로 느끼는 사진집입니다.
동물들의 사진과 함께 아들러 심리학을 소개하는 일은
난생 처음으로 도전해 보는 작업인데, 조금 설레기도 합니다.

그런데 왜 하필 동물이 주인공일까요?
이는 아들러 심리학의 으뜸 키워드인 '공동체 의식'에서 그 답을 찾을 수 있습니다.
공동체 의식, 공동체감을 달리 표현한다면 사회 속에서 타인과 함께 살아가는 힘,
곧 '공생력'이 됩니다.

인간은 사회적인 생물입니다.
사회라는 테두리 안에서 살아가는 이상,
인간관계에서 비롯되는 크고 작은 고민에 휩싸이게 마련입니다.
그러니 함께 살아가는 힘, 공생하는 힘을 키우는 일이
행복한 인생의 문을 열어 주는 열쇠가 되겠지요.

동물도 자신과 다른 동물과 더불어 살아갑니다.
비단 무리를 지어 다니는 생물뿐 아니라
시야를 넓혀 지구에 서식하는 모든 동물은
다른 생물과 더불어 살아가고 있습니다.

동물은 하루하루에 온전히 집중하며 매순간을 충실하게 살아내고 있습니다.
번지르르한 언어를 구사하지 않으므로 거짓말 따위는 하지 않습니다.
한 치의 망설임도 없는 당당한 모습에는 참된 진실이 배어 있습니다.

아들러의 말과 동물들의 모습에서 타인과 맺어지는 의미,
함께 소통하는 의미를 곱씹는 시간이 되었으면 합니다.
더불어 행복한 삶의 지혜를 찾을 수 있기를 간절히 바랍니다.

이와이 도시노리

아들러 심리학과 '함께하는 힘'

이 책의 핵심어를 꼽으라면 타인과 함께 살아가는 힘, 곧 '공생력'이라는 단어가 가장 먼저 떠오릅니다.
그럼 본문으로 들어가기에 앞서 아들러라는 인물의 사상과 가치관, 그리고 공생력이란 무엇인지, 커다란 밑그림을 그려 보고자 합니다.

아들러 심리학이란?

아들러 심리학이란, 오스트리아의 정신과 의사이자 심층 심리학자인 알프레드 아들러 Alfred Adler (1870~1937)가 창시한 심리학을 널리 일컫는 말입니다.
알프레드 아들러는 1902년 수요심리 모임에서 정신분석을 확립한 지그문트 프로이트 Sigmund Freud (1856~1939)와 함께 활동하기도 했지만, 1911년부터는 지그문트 프로이트와 다른 독자적인 노선을 표명하며 아들러 심리학의 기틀을 수립했습니다.
공허한 이론보다는 실천을 중시하고 일상생활에서 바로 활용할 수 있는 심리학을

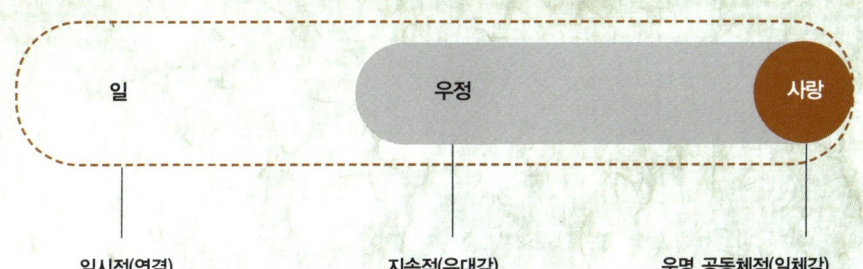

일시적(연결)
여기에서 '일'이란 회사일, 업무뿐 아니라 집안일이나 육아, 학생이라면 학업 등을 폭넓게 '일'로 포착합니다. 나아가 지역사회 활동이나 자원봉사 활동 등도 두루 포함하고 있습니다.

지속적(유대감)
일이라는 형식적인 관계에서 벗어난 타인과의 관계, 연대를 말합니다. 친구는 물론이고 일터나 지역사회에서 맺어진 돈독한 인간관계를 지칭합니다. 오래오래 서로 밀접하게 이어지는 유대감은 있지만 운명적으로 하나가 되는 일체감은 없는 타인이라고 생각하면 좀 더 이해하기 쉽겠지요.

운명 공동체적(일체감)
연인, 부부, 부모와 자식 등의 인간관계를 뜻하는데, '가족'의 과제라고 부를 때도 있습니다. 서로 함께하는 횟수가 가장 많고 심리적인 거리감도 매우 친밀하기 때문에 가장 어려운 과업으로 여겨지고 있습니다.

지향하던 알프레드 아들러는 마음의 문제를 성性과 결부시키거나 꿈의 분석에 집중하던 지그문트 프로이트와는 학문적 견해가 서로 맞지 않았던 것 같습니다.

알프레드 아들러는 자신의 심리학 이론을 '개인심리학 individual psychology'이라고 명명하고, 인간이 안고 있는 모든 번뇌의 씨앗은 인간관계에서 비롯된다고 생각했습니다. 그도 그럴 것이 인간은 사회를 만들어서 타인과 함께 살아가야 하는 생물이기 때문이지요.

조직이나 사회리는 공동체를 위해서 개인이 무엇을 할 수 있는지 생각하며 행동하는 일, 이와 같은 공동체적 감성을 아들러는 '공동체 의식' 혹은 '공동체감'을 뜻히

는 독일어인 'Gemeinshaf tsgefuhl'이라는 단어로 표현했습니다. 이 책에서는 이를 좀 더 친숙한 언어로 함께 살아가는 힘, '공생력共生力'이라고 부르기로 하지요. 타인과 함께 공생하는 힘이야말로 인생의 행복을 좌우한다고 알프레드 아들러는 말하고 있습니다.

그럼 공생력을 키우려면 어떻게 생각하고 어떻게 행동해야 할까요?
알프레드 아들러는 이 질문에 대한 힌트도 우리에게 명쾌하게 제시해 줍니다.

인생의 세 가지 과제란?

알프레드 아들러는 공동체 삶을 모색할 때 반드시 직면하게 되는 인간관계를 일, 우정, 사랑 등 세 가지로 크게 분류하고 이를 인생의 과제 Life Task 라고 불렀습니다.

먼저 '일'이라는 과제 Work Task 는 개인의 소임에 책임과 의무를 다함으로써 과제를 수행할 수 있습니다. 일로 맺어진 인간관계는 일시적이기 때문에 관계의 깊이 측면에서 본다면 가장 부담이 적은 인간관계라고 말할 수 있습니다.

두 번째 '우정'의 과제 Friendship Task 는 좀 더 깊은 인간관계를 맺고 오래 지속됩니다. 따라서 과제 수행의 난이도가 조금 올라가겠지요.

마지막 '사랑'의 과제 Love or Family Task 는 사랑하는 연인, 나아가 가족이라는 혈연관계로 맺어진 인간관계를 뜻합니다. 상대방과의 관계가 농밀하고 심리적인 거리도 무척 가깝기 때문에 그만큼 고난도의 과제라고 말할 수 있겠지요.

일, 우정, 사랑을 주축으로 한 인생 과업이자 인생 목표는 인간이라면 누구나 부닥뜨리는 문제이자, 충실하게 수행해야 하는 과제입니다. 이들 과제를 풀어내고 행복한 인생으로 이끌어 주는 훌륭한 길잡이가 바로 함께하는 공생력입니다.

함께하는 힘을 기르디먼?

공생력은 태어날 때부터 갖추고 나오는 선천적인 기질이 아닙니다. 더불어 함께하는 힘을 키우려면 무엇보다 타인을 향한, 사회를 향한 관심의 안테나를 세워야 합니다.

인간은 한 사람 한 사람이 저마다 모두 다른 고민거리를 안고 살아갑니다. 하지만 알프레드 아들러는 "인생의 의미를 한 개인으로 좁혀서 바라보기보다 좀 더 시야를 넓혀서 그 의미를 조망하는 쪽이 더 바람직하다"고 말합니다.

오직 자신을 위하기보다 타인을 위해, 사회를 위해 행동함으로써 자신이 진정으로 살아야 할 삶, 자신이 반드시 있어야 할 삶의 터전을 또렷하게 찾아낼 수 있기 때문이지요.

그런 연유에서 알프레드 아들러는 수평적인 관계를 중시했습니다. 이때 '공감, 소속감, 신뢰, 협력, 공헌'이 가장 중요한 핵심어로 떠오릅니다.

이 다섯 가지 핵심 가치가 타인과의 관계에서 구축된다면 어떻게 될까요?

'주위 사람들이 친구, 동료, 내 편으로 다가온다.'

'내 자신의 능력이 누군가에게 도움이 되는, 멋진 기쁨을 맛볼 수 있다.'

바로 이것이 타인과 함께 어우러진, 더불어 사는 삶입니다.

가족, 지역사회, 국가, 세계……. 실로 크고 작은 다양한 공동체가 있습니다. 이들 공동체와 관련을 맺고 있는 실질적인 거리와 깊이는 개인에 따라 차이가 많이 나겠지요.

하지만 어떤 상황에서든 자신은 공동체를 이루는 구성원임을 의식하고 행동했으면 합니다.

'지금 내가 하는 행동은 타인이나 사회에 도움이 될까?' 라는 질문을 먼저 떠올리는 것이지요. 이 질문에 답하면서 행동한다면 인간관계에서 비롯되는 번뇌, 고민은 스르르 풀린다고 아들러 심리학은 우리에게 나지막이 속삭입니다.

동물은 하루하루에 온전히 집중하며 매순간을 충실하게 살아내고 있습니다.
번지르르한 언어를 구사하지 않으므로 거짓말 따위는 하지 않습니다.
한 치의 망설임도 없는 당당한 모습에는 참된 진실이 배어 있습니다.

c·o·n·t·e·n·t·s

INTRODUCTION __ 04
아들러 심리학과 '함께하는 힘' __ 06

첫째 장
공헌을 통해 함께하는 힘을 만끽한다!
일 WORK TASK _ 14

둘째 장
일터가 아닌 마음의 쉼터를 찾는다!
우정 FRIENDSHIP TASK _ 50

셋째 장
사랑하는 사람과 행복한 인생을 함께한다!
사랑 LOVE OR FAMILY TASK _ 90

넷째 장
대자연 SPIRITUAL TASK _ 126

CONCLUSION 더불어 함께하면서
참고 문헌

일로 맺어지는 인간관계는
일시적이고 파생적인 연결이지만
일상생활에서 함께하는 시간이
가장 긴 관계이며
사회생활에서
피할 수 없는 과제이기도 합니다.
협력이나 공헌의 성과가
드러나기 쉽기 때문에
더불어 사는 힘을 높이는
연습의 첫걸음이라고 말할 수 있겠지요.

첫째 장

공헌을 통해 함께하는
힘을 만끽한다!

일

WORK TASK

바위뛰기펭귄은 암컷과 수컷이 서로 힘을
모아 사랑의 둥지를 만듭니다.

행복행 승차권은
바로 '다른 사람'을 위해

인생에는 수많은 장애물이 있습니다.

야트막한 장애물은 혼자 힘으로 가뿐하게 넘어갈 수 있을지도 모릅니다.

하지만 한 사람의 힘으로는 도저히 넘기 어려운 높은 장애물도 분명 있습니다.

직장에서 팀원들이 하나가 되지 않으면 목표를 달성하지 못하거나

기일을 제때 맞추지 못하는 일도 생깁니다.

자신의 일이 아니라도 힘들어하는 동료나 후배가 있다면

먼저 다가가서 힘을 보태는 건 어떨까요?

이렇게 다 같이 힘을 모아서 높은 장애물을 무사히 넘겼을 때

그 공이 자신에게 돌아오지 않을지도 모릅니다.

하지만 겉으로 드러나는 숫자로 셈할 수 없는 보람과 기쁨을 분명 맛볼 수 있답니다.

인생의 모든 과제를 해결하기 위해서는
서로서로 돕는 능력이 필요하다.
모든 과제는 인간 사회의 테두리 안에서
인간의 행복을 촉진하는 방향으로 극복되어야 한다.
인생의 의미는 공헌이라고 믿는 사람만이
**용기와 성공의 기회를 쟁취하고
어려운 장애물을 훌쩍**
뛰어넘을 수 있다.

《인생 의미의 심리학》(상)에서

말은 날렵한 몸매에 훤칠한 키가 매력적이지만 혼자가 아닌 무리를 지어서 다닙니다.

사람이 종사해야 하는 분업이라는 형태에서는
오직 공생만이
과업을 달성할 수 있게끔 이끌어 준다.

《인간 지知의 심리학》에서

저마다
맡은 역할이 있어요

저마다 타고난 능력은 개개인에 따라 천차만별입니다.

똑같은 환경에서 자라나고 비슷한 훈련을 받은 사람이라도

잘하는 분야와 못하는 분야가 있게 마련이지요.

그렇다고 해서 자신의 능력 부족을 자책하거나

상대방의 부족한 부분을 원망할 필요는 없습니다.

모든 구성원이 자신의 장기를 살리면서 부족한 부분을 서로 메워 나가면 될 테니까요.

회사에서 헐뜯고 미워하라고 동료가 존재하는 게 아닙니다.

서로서로 부족한 부분을 채우기 위해 옆에 동료가 있는 것이지요.

나 홀로 생활을 즐기는
멧밭쥐이지만, 때때로
이런 즉석 만남도
갖습니다.

일 잘하는 사람은
공감 잘하는 사람

대체로 직장에서 성공하느냐, 못하느냐는 그곳에서 적응을 잘하느냐, 못하느냐에 달려 있다. 동료나 고객의 요구를 이해하고, 상대방의 눈으로 보고 상대방의 귀로 듣고 상대방의 느낌으로 느끼는 것은 일을 할 때 매우 유리한 능력이다.

《개인심리학 강의》에서

'공동체 의식을 품기 위해서는 수평적인 관계망을 소중히 여겨야 한다'고 알프레드 아들러는 강조합니다.

상대방이 무엇을 원하는지, 상대의 마음이 되어 생각할 수 있는지, 등의 공감 능력은 대등한 관계를 맺을 때 꼭 필요한 조건입니다. 다른 사람의 눈높이에서 생각하다 보면 상대방의 고민도 함께 생각하게 됩니다.

우리는 같이 걱정해 주고 함께 아파해 주는 사람에게 더할 나위 없이 고마운 마음을 갖게 마련이지요. 그리고 그 고마움은 돌고 돌아서 고민을 함께했던 당신에게 두둑한 이자가 되어 돌아온답니다.

온천을 즐기면서 곁에 있는 동료의 이를 잡아 주는 일본원숭이의 표정이 사뭇 진지합니다.

'어떻게 하면 사나운 짐승의 공격에서 무사히 살아남을 수 있을까, 어떻게 하면 매서운 추위를 견딜 수 있을까, 어떻게 하면 굶주림을 해결할 수 있을까?'

이런 원초적인 문제를 극복하기 위해 인간은 모두 힘을 모아 모든 지혜를 짜냈고 그 결과 편리하고 안전한 생활을 손에 넣을 수 있었습니다.

인간이 만물의 영장이라면 그 이유는 약자를 적극적으로 도와주려고 하기 때문이지요. 반면에 동물의 세계에서는 오직 강자만이 살아남습니다.

어쩌면 타인을 향한 관심, 약자에게도 기꺼이 손을 내미는 배려가 인간을 지구에서 가장 존엄한 생물로 이끌어 준 으뜸 이유인지도 모릅니다.

그저 내 일만 하면
우리에게는
내일이 없겠지요

우리가 이토록 편리한 현대 문명의 이기를 누릴 수 있는 이유는
지금까지 인류에 이바지해온 개개인의 노력 덕분이다.
**만약 인간이 협동하지 않았더라면,
타인에게 관심을 갖지 않았더라면,
인류 전체에 공헌하지 않았더라면,
인간의 인생은 불모지가 되었고**
인간의 존재는 흔적도 없이 지구에서 사라져 버렸으리라.

《인생 의미의 심리학》(하)에서

컬럼비아땅다람쥐 엄마는
둥지를 트기 위한 재료를 입 안에 가득 싣고서 영차영차 나릅니다.

먼저 시작해 보세요,
바로 당신부터!

타인에게 진솔하게 다가가고 싶고, 공공의 목적을 위해
일하고 싶다면 우선 자기 자신을 챙겨야 한다.
베풂이 뭔가 의미 있는 일이 되려면 스스로 남에게 베풀
거리를 갖추고 있어야 할 테니까.

《아이의 교육》에서

직장에서 옆자리에 앉은 동료와 공동 프로젝트를 진행할 때 서로 눈치만 보면서 상대방의 행동을 기다리는 일이 종종 있습니다. 눈치만 보는 속내를 들춰 보면, '먼저 설레발치고 행동했다가 만약 실패라도 한다면…' 하는 걱정이 앞서기 때문이지요. 하지만 당신에게는 일을 추진하고 나아가 일을 성공으로 이끌 수 있는 힘이 분명 존재합니다. 그러니 '나부터!' 하는 마음으로 첫 발을 내딛어 주세요.

조금 용기를 내서 자신의 능력을, 타인을 아니 우리 모두를 위해 사용해 보세요.

우르르 무리를 지어 햇볕을 쬐며
쉬고 있는 갈매기들. 일정한
간격을 유지하며 타인의 영역은
절대 침범하지 않습니다.

**어떤 인간관계든, 그 관계를
조화롭게 유지하기 위해서는
확고한 협력의 규칙이 필요하다.**
일상생활에서 일어나는 실패, 온갖 불행이나 실망은
반드시 필요한 협동의 규칙을 무시하거나
규칙을 어겼을 때 그것이 발단이 되어 생겨난다.

〈사람은 어떻게 사랑할까〉에서

흔하디흔한 규칙이
세상을 지켜 주지요

규칙이라고 해서 고리타분하고 딱딱한 형식을 떠올릴 필요는 없습니다.
아침 출근길에 직장 동료를 만나면, "안녕하세요?" 하며 환하게 인사하는 일도 서먹한 관계의 물꼬는 터주는 고마운 규칙일 테니까요.
그리고 '약속은 반드시 지킨다', '거짓말은 하지 않는다' 등등 누구나 마음만 먹으면 지킬 수 있고 지켜야 하는 규칙도 있습니다.
이런 당연한 규칙이 삶의 현장에서는 꼭 필요한 기본 덕목이 됩니다.
서로 규칙을 지키며 인간관계를 부드럽게 맺어 간다면 자잘한 다툼이 생겨도 심각한 분쟁으로 불거지지는 않겠지요.

무시무시한 공포의 회색곰도 때때로
어깨에 힘을 빼고 통나무 위에서
편안하게 쉬고 싶을 때가 있습니다.

남에게 주목받는 일을
인생의 목표로 삼는
아이들은 남에게
무시당하는 일을
가장 못 견뎌할 것이다.
무시당하기보다는 오히려 벌, 고통,
모멸 등을 받아들이려고 할지도 모른다.

〈의욕을 끌어내는 교사의 기량〉에서

그렇게 주목받고 싶으세요?

슬플 때, 힘들 때 누군가에게 위로받고 싶은 속내를 겉으로 드러낼 때가 있습니다. 바로 주목받고 싶은 순간이지요.

처음에는 많은 사람들이 관심을 갖고 진심 어린 위로를 건네줄지도 모릅니다. 하지만 두 번, 세 번 횟수가 늘어나면 '아니, 또!' 하며 사람들이 점점 멀어져 갑니다.

물론 힘든 일이 생겼을 때 아무렇지도 않게 웃는 표정을 연기할 수는 없겠지요. 타인의 관심과 위로를 절실히 원할 만큼 삶이 버거운 날도 있을 테고요.

하지만 타인의 주목을 끌기 위해 시도 때도 없이 부정적인 감정을 내뿜는다면 진짜 위로가 필요한 날, 곁에 아무도 없을지도 모릅니다.

인생의 결정을
뒤로 미루어서는 안 된다.
너무 오랫동안 돌다리를
두드려서 얻어지는 배당금은
무력감과 이기심뿐이다.

《어떻게 하면 행복해질 수 있을까》(하)에서

살다보면 새로운 일을 시작해야 할 때가 반드시 찾아옵니다.

성공을 자신할 수는 없지만 앞으로 나아가지 않으면 현실을 바꾸지 못합니다.

어떤 상황에서든 용기를 내고 첫걸음을 내딛어 보세요.

실패해도 괜찮아요. 곁에 있는 누군가가 도와줄 테니까요.

그리고 다시 용기가 샘솟으면 두 번째 걸음을 힘차게 내딛어 보세요.

분명 처음보다는 조금 더 앞으로 나아가 있겠지요.

바로 지금,
용기를 내야 할 때

물가에서 수많은 홍학이 함께 집단을 이루며 살아갑니다.
수백 마리, 수천 마리가 모여 있으면 아무래도 적의 습격을 받기 어렵겠지요.

길을 잃고 헤맬 때, 혼란스럽고 괴로울 때, 새로운 일에 도전해야 할 때 주위 사람들의 의견이나 감상에 귀 기울여 보세요.
분명 타인의 생각 속에는 번득이는 아이디어나 문제 해결의 힌트가 숨어 있기 마련입니다. 그리고 좀 더 넓은 시야에서 문제의 해답을 생각해 보세요.
'얼마나 많은 사람이 공감할 수 있을까?'
'한 명이라도 더 많은 사람이 기뻐할 수 있는 방법은 무엇일까?'
이런 고민의 종착역에는 반드시 훌륭한 모범답안이 기다리고 있답니다.

다른 사람은 어떻게 생각할까요?

타인을 향한 관심이
거대한 인간 집단을 결합시키며
인류 전체의 문제를 이해하려고
힘쓰는 방향으로 우리를 이끌어 주리라.

《아들러 심리학의 기초》에서

'내가 지금 할 수 있는 일'이 길을 열어 줍니다

문제에 맞서 싸우고자 결심했다면,
용기를 갖고 '상황을 개선하기 위해 내가 지금 할 수 있는 일이
무엇인가?'라는 관점에서 생각해 나간다면
분명 올바른 길을 걸어갈 수 있을 것이다.

〈사람은 어떻게 사랑할까〉에서

모두 중요한 일을 맡아서 바쁘게 일하고 있는 것 같은데, '나'만 별 볼 일 없는 사람처럼 소외감을 느낄 때가 있습니다.

반대로 '나'만 어렵고 성가신 일을 항상 도맡아 하는 것 같아서 화가 날 때도 있습니다. 하지만 어마어마하게 큰 기계 장치가 아주 작은 나사 하나 때문에 멈춰 버리기도 합니다.

마찬가지로 사무실에 있는 모든 사람의 업무에는 저마다 의미가 있게 마련입니다. 만약 자신의 일에 회의감이 밀려온다면 전체 가운데 자신이 맡은 역할을 다시 한 번 생각해 보세요. 분명 당신은 일터에서 꼭 필요한 존재랍니다.

지구 온난화의 영향으로 북극곰의 생활 터전이 위협을 받고 있습니다
하지만 북극곰은 죽기 살기로 정말 열심히 살아내고 있습니다

가족은 너무 가까워서 부담스럽고
일로 맺어진 인간관계는
너무 얄팍해서 공허할 때
적당히 친밀한 친구 사이라면
마음을 터놓기가 한결 수월합니다.
인생의 시련에 부닥뜨렸을 때
쿠션과 같은 포근함을 선사하는 이도
바로 친구랍니다.

둘째 장

일터가 아닌
마음의 쉼터를 찾는다!

우정

FRIENDSHIP TASK

열대 초원에서 물은 굉장히 귀한 삶의 원천수입니다.
물가에서 여러 동물들이 어우러져 생명수를
서로 공유하고 있습니다.

약하니까 손을 잡지요

인간에게는 날카로운 짐승의 이빨도 무시무시한 발톱도 없습니다. 포악한 호랑이나 사자는 물론이고 인간은 혼자 힘으로 멧돼지를 물리치지도 못합니다.
하지만 인간은 친구와 손을 맞잡고 지혜를 짜내며 난관을 극복해 나갑니다.
한 사람은 약하지만 여럿이 뭉치면 큰 힘이 됩니다.
여러 사람과 손에 손을 맞잡는 일은 자신의 약점을 보완하는 지름길이기도 합니다.
바로 이런 맺어짐이야말로 인간의 가장 강력한 강점이 아닐까요?

우리 주위에는 항상 타인이 존재한다.
그리고 우리는 타인과
관계를 맺으며 살아간다.
한낱 개인으로서의 인간은 약한 존재이자
한계가 있기 때문에 혼자 힘으로는
원대한 목표를 달성할 수 없다.

《인생 의미의 심리학》(상)에서

날갯짓을 배우는 아기 굴파기올빼미들이 엄마의 사랑과 관심에 기뻐하고 있습니다.

우리가 끙끙 앓는 문제의 원인을 좇다 보면 인간관계에 이르게 됩니다. 이를테면 자신의 얼굴 생김새를 못마땅하게 여기는 것도 다른 사람과 비교하기 때문이지요.
마음을 새까맣게 태우는 고민거리는 저마다 다르기에 타인에게는 마음의 고민이 드러나지 않을 때도 많습니다.
하지만 주위 사람에게 관심을 갖고 상대방의 마음을 헤아려 준다면 적어도 자신과 가까운 사람의 걱정거리는 함께할 수 있고 또 아픔을 덜어줄 수 있겠지요.
쉽게 해결할 수 없는 문제라도 모르는 척 뒷짐 지고 있는 것보다는 함께하는 쪽이 더 낫지 않을까요?

나만 힘든 게
아니랍니다

결국 우리의 모든 문제는
인간관계에서 비롯되는 것이다.
그리고 인간관계가 초래하는 문제는 우리가 타인에게
관심을 가질 때 비로소 해결할 수 있다.

《인생 의미의 심리학》(하)에서

아프리카 남부의 건조 지대에 서식하는 케이프땅다람쥐. 비록 몸짓으로 나누는 소통이지만 커뮤니케이션은 여럿이 함께할 때 생활의 윤활유가 됩니다.

자연은 인간에게 아낌없이
손을 내밀어 친구와
부드럽게 이어질 수 있게끔
다양한 끈을 만드는 능력을 부여했다.
수많은 끈 중에서 가장 소중한 도구가 언어이고,
또 한 가지 중요한 연결고리는 상식이다.

〈어떻게 하면 행복해질 수 있을까〉(상)에서

말로 속삭여 보세요

동물은 고차원의 언어를 갖고 있지 않지만, 인간에게는 언어라는 훌륭한 의사소통의 도구가 있습니다. 몸짓이나 표정으로는 전하기 어려운 속마음도 언어를 구사하면 상대방에게 또렷하게 전달됩니다.

'말하지 않아도 통한다'는 이야기도 있지만 친구에게 진심을 전할 때는 언어로 확실하게 표현해 보세요. 우리 인간만이 갖추고 있는 고마운 능력입니다. 그리고 도구는 쓰면 쓸수록 빛을 발하기 마련입니다.

말을 주고받으며, 혹은 글을 주고받으며 서로 힘을 북돋워 주면 두 사람의 연결고리도 훨씬 단단해지겠지요.

온몸으로 장난치는 꼬마 치타들. 고통이란 감정을
서로 치고받고 씨름하면서 배울 수 있습니다.

친구들과 어우러지면서
세상을 배워요

세상은 온통 모르는 사람들로 가득 차 있습니다. 그래도 어른이 되면 자신의 울타리를 박차고 낯선 세상으로 나가야 합니다.

낯선 사람을 처음 만날 때 스스럼없이 다가가느냐, 멈칫 두려워하느냐의 차이는 어린 시절의 경험이 크게 영향을 미칩니다. 그도 그럴 것이 상대방과의 마음의 거리감은 놀이를 통해서 좁힐 수 있기 때문이지요.

어릴 때부터 내가 아닌 타인과 더불어 지낸 사람들은 낯선 세상에서도 두려워하지 않고 꿋꿋하게 잘 헤쳐 나갑니다.

역시 아이들은 친구와 신나게 뛰어놀면서 쑥쑥 자라난답니다.

**공동체감은 우정을
통해서도 길러진다.**
우리는 친구를 통해 타인의 눈으로 보고,
타인의 귀로 듣고, 타인의 마음으로
느끼는 공감을 배운다.

《인생 의미의 심리학》(하)에서

킹펭귄의 무리 가운데 난처해하고 있는 물개.
본 척 못 본 척 모두 지켜보고 있습니다.

다른 사람들에게 어떻게
행동하느냐를 관찰하는 일이
그 사람의 공동체감의 수준을 가늠하기 위한 가장
신뢰할 만한 지표가 된다.

《아들러 심리학의 기초》에서

누군가가 지켜보고 있네요

친해지고 싶은 사람이 많다면 굳이 구분하지 말고 모두와 친구가 되어 보세요.

자신의 잣대로 친구를 편 가르는 사람은 인생의 과제를 제대로 수행할 수 없습니다.

누군가에게는 천사의 미소로, 또 다른 누군가에게는 악마의 얼굴로 시시각각 모습을 달리하며 친구를 차별하는 사람은 결국 자기 자신만 생각하고 있는 것이지요.

친구를 푸대접하는 행동거지는 분명 누군가 지켜보고 있답니다.

타인을 배려하는 마음은 모든 이에게 똑같이 나눠 줘야 합니다. 차별하지 말고!

수풀 속에 살포시 몸을 숨기고 있는 산토끼.
토끼의 모습은 확실하게 보이지 않지만 아름다운 자태를 상상할 수 있습니다.

아마존 · 뉴욕타임스 베스트셀러 1위
경쟁하지 말고 독점하라

아마존 2014년 최고의 책

벤처기업협회 추천도서, 한국엔젤투자협회 추천도서, 한국청년기업가정신재단 추천도서, 글로벌 기업 인기도서 등 출간 즉시 전 세계에서 '제로 투 원' 돌풍을 일으킨 세계적인 베스트셀러! 한국에서도 강력한 인사이트를 제시하다!

★★ 직장인이 뽑은 올해의 책 ★★

잃어버린 열정 티모스를 찾아라!

실종된 티모스를 찾아 헤매는 나 팀장
오피스액션로망메디컬어드벤처스토리!

열정을 되찾고 싶은 직장인을 위한
정신건강 전문의 **우종민의 심리우화!**

그동안 스스로에 대한 인정과 평가가 인색하지 않았는지
돌아보게 하는 책! - 김대식(KAIST 교수, 뇌과학자)

화제의
베스트셀러

누구나 가졌지만 아무도 찾지 못한 열정
티모스 실종 사건 우종민 지음 | 14,000원

자기계발

전세계 아마존 종합 베스트셀러

월터 미셸 박사의 '마시멜로 테스트' 종단연구
15분이 50년의 삶을 어떻게 변화시켰을까?

《마시멜로 테스트》는 이 실험이 단지 아이들만을 대상으로 하는 것이 아님을 분명히 말한다. 인생을 살아가며 자제력을 요하는 순간을 맞게 되는 우리 모두에게 도움이 된다는 의미다. 몰입할 수밖에 없는 훌륭한 책이다.
– 다니엘 골먼, 《감성의 리더십》 저자

마시멜로 테스트
월터 미셸 지음 | 안진환 옮김 | 값 15,000원

MBC·KBS SBS 3대 방송사 방영

한국인 1,700명 인터뷰 전세계 사례 연구
죽기 전에 꼭 이루고 싶은 '버킷리스트'는 무엇입니까?

'버킷리스트'는 살아가는 동안 꼭 이루고 싶은 것들의 목록을 뜻한다. 아무리 소소한 것이라도 자신을 기쁘게 할 인생의 계획을 세우고 그것을 하나씩 이루어가는 것이 필요하며, 그런 경험이 가져오는 만족감과 성취감을 반드시 누려볼 것을 권하는 책이다. 전 미국 대통령 빌 클린턴의 버킷리스트, 한국 직장인들의 버킷리스트, 죽음을 앞둔 환자들의 버킷리스트 등을 다양하게 소개했다.

버킷리스트
유영만·강창균 지음 | 값 13,000원

이나모리 가즈오가 직접 쓴 일본항공(JAL) 회생 드라마,
교세라 54년 연속 흑자의 비밀

"왜 투혼의 경영인가?"

이나모리 가즈오
경영의 신, 4년 만의 신작!

"경영자에게는 격투기를 할 때와 같은 투혼이 필요하며,
무슨 수를 써서라도 기업을 강하게 만들겠다는 마음가짐
으로 투혼을 불태워야 한다"

일본
아마존
베스트셀러

불타는 투혼

이나모리 가즈오 지음 | 양준호 옮김 | 값

"부모는 아이의 감정을 너무 모른 채 키운다!"

EBS 다큐프라임 방영

기자들이 뽑은 부모들이 꼭 읽어야 할 필독서!
육아 파워 블로거들이 뽑은 자녀양육 분야 최고의 책!

가족치료의 세계적인 권위자 존 가트맨 박사가 30년간 3천 가정을 연구 조사하여 만들어낸 육아법 '감정코칭'은 이미 수많은 가정 및 학교에서 이루어지며 그 효과를 인정받고 있다. 이 책은 가트맨 박사가 인정한 감정코칭 실전법을 갖고 있는 최성애 박사가 그동안 경험을 통해 효과를 본 구체적인 사례를 통해 감정코칭 노하우를 보여주고 있다. 생생하고 공감 가는 수많은 실제 사례는 감정코칭의 중요성을 알고 있지만 어떻게 자녀양육 및 아동교육에 적용해야 될지 모르는 학부모와 교사들에게 현장에서 바로 사용해서 효과를 볼 수 있는 방법을 알려준다.

전국 서점 자녀교육 베스트셀러

내 아이를 위한
감정코칭
최성애 · 조벽
존 가트맨 지음
값 15,800원

운명과 맞선 한 소년의 7년간의 사투!
연을 쫓는 아이를 뛰어넘는 수작!

아프가니스탄 하자라족 출신의 열 살 소년 에나이아트. 가족과의 행복했던 삶은 어느 날 아침, 트럭 운전을 하던 아버지가 강도떼의 습격으로 사망하고 트럭을 빼앗기고 난 뒤 산산조각 나버린다. 아버지에게 운전을 시킨 탈레반은 트럭 값 대신 에나이아트와 동생을 데려가겠다고 어머니를 협박한다. 이들의 눈을 피해 어머니의 손에 이끌려 파키스탄으로 탈출한 에나이아트. 하지만 사흘 뒤 어머니는 자취도 없이 사라진다. 어머니가 사라진 순간부터 가혹한 운명에 맞서는 에나이아트의 필사적인 생존이 시작되는데…

바다에는 악어가 살지
파비오 제다 지음 | 이현경 옮김 | 값 12,000원

"10년 전으로 돌아갈 수 있다면?"
몸은 서른아홉, 기억은 스물아홉
앨리스의 좌충우돌 기억찾기

겉보기만 성공적인 중산층 가정주부 서른아홉 살의 앨리스는 어느 날 갑자기 운동클래스에서 머리를 부딪히는 사고를 당해 지난 10년간의 기억을 모두 잃어버린다. 신혼의 단꿈에 젖어 첫아이를 임신했던 스물아홉 살의 기억으로 깨어나는 앨리스. 그녀는 자신이 기억하지 못하는 10년 동안 너무 많은 부분이 변해 있음에 놀란다. 말썽쟁이 세 아이, 사랑했던 남편과의 이혼소송, 가까웠던 친언니와의 소원해진 관계, 이름조차 기억나지 않는 친구의 죽음, 새롭게 등장한 애인까지… 그녀는 과연 행복을 되찾을 수 있을까?

기억을 잃어버린 앨리스를 부탁해
리안 모리아티 지음 | 김소정 옮김 | 값 14,000원

어떻게 일하고 어떻게 살 것인가
'경영의 신' 이나모리 가즈오
30년간 숨겨둔 성공의 비밀!

왜 일을 해야 하는지, 어떻게 살아가야 하는지 방향이 보이지 않을 때 뒷덜미를 꽉 잡아 일으키는 강력한 한 마디가 필요하다. '경영의 신'이라 불리는 이나모리 가즈오. 평생 승승장구 성공한 듯 보이는 그도 일을 하며 도망치고 싶은 순간이 있었노라고, 인생이 고민의 연속이었노라고 고백한다. 이나모리 가즈오가 인생 후배들이 같은 시행착오를 겪지 않기 바라며 일과 인생에서 얻은 지혜의 정수를 공개한다.

일심일언
이나모리 가즈오 지음 | 양준호 옮김 | 값 13,000원

55년간 한 번도
적자를 내지 않은 비법은?
사장이 반드시 알아야 할 고수익 경영의 모든 것

CEO를 가르치는 CEO
세이와주쿠 경영문답의 정수!

회사는 이익을 내야만 살아남는다. 어떻게 이익을 내는가? 전 세계 CEO들이 경청하는 세이와주쿠 경영문답! 핵심 16개 사례를 통해 전수받는 '고수익 경영' 케이스 스터디!

남겨야 산다
이나모리 가즈오 지음 | 양준호 옮김 | 값 13,000원

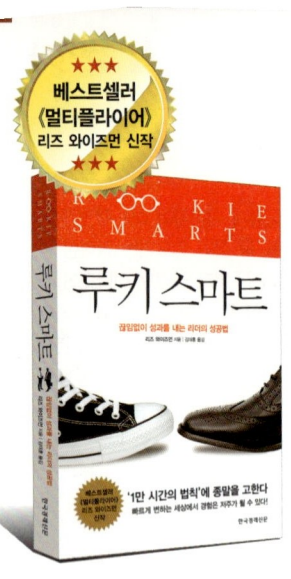

그들은 어떻게 끊임없이 최고의 성과를 내는가?
버리고, 떠나고, 도전하라!

'1만 시간의 법칙'에 종말을 고한다! 처음으로 어떤 일을 할 때 종종 최선의 성과를 올리는 이유는 무지한 것이 자산이 될 수 있기 때문이다. 세계 최고의 리더십 사상가인 리즈 와이즈먼이 경험 많은 모든 전문가들이 직면하는 문제에 대한 해결점을 제시한다.

끊임없이 성과를 내는 리더의 성공법
루키 스마트
리즈 와이즈먼 지음 | 김태훈 옮김 | 값 14,000원

2012 삼성경제연구소 추천도서
20년간 글로벌 리더를 분석한 연구 보고서!

멀티플라이어란 상대의 능력을 최대로 끌어올려 팀과 조직의 생산성을 높이는 리더를 뜻한다. 이들은 함께하는 사람들의 능력을 2배로 끌어올려 자원의 추가 투입 없이도 생산성을 2배 이상 높일 수 있다. 멀티플라이어는 재능자석, 해방자, 도전자, 토론주최자, 투자자처럼 행동하고, 재능 있는 사람을 모아 그 능력을 최대한으로 끌어낸다.

탁월한 역량을 끌어내는 승부사 멀티플라이어
리즈 와이즈먼, 그렉 맥커운 공저 | 최정인 옮김
고영건 감수 | 값 16,000원

《바보 빅터》 이후 400만 독자가 기다려온 감동스토리!

노숙자에서 하버드 출신 변호사가 된 키 작은 영웅

한류 스타 슈퍼주니어 최시원 재능기부

"인생의 진정한 목적을 찾는 모든 분께 추천합니다!"

《난쟁이 피터》 오디오CD 증정
슈퍼주니어 최시원 목소리 출연

인생을 바꾸는 목적의 힘
난쟁이 피터

호아킴 데 포사다 · 데이비드 림 지음 | 최승언 옮김 | 값 14,000원

운명조차 바꾸는 자기믿음과 긍정의 힘!

세대를 뛰어넘은 교감, 감동과 희망의 메시지

국제멘사협회 회장을 지낸 IQ173의 '천재' 빅터 세리브리아코프라는 인물이 무려 17년 동안 '바보'로 살아온 실화와 오프라 윈프리 쇼에 출연한 '트레이시'라는 한 여성의 실화를 바탕으로 한 스토리텔링형 자기계발 에세이. 급변하는 시대를 살아가는 현대인들에게 아픔과 절망을 이겨내고 미래를 향해 나아가는 주인공들의 모습을 통해 인생을 변화시킬 수 있는 용기와 자신감을 전한다.

17년 동안 바보로 살았던 멘사 회장의 이야기
바보 빅터

호아킴 데 포사다 · 레이먼드 조 지음 | 값 13,000원

50만 독자가 감동한 베스트셀러
《바보 빅터》 어린이판!

어린이에게 꿈 꿀 시간을 주세요! 아이의 가능성은 오늘도 쑥쑥 자라고 있습니다.

이 책을 읽고 자기 안에 숨겨진 자신만의 '잠재력'을 찾고 행복해지기를 바랍니다. 그 잠재력이 여러분들을 꿈과 희망의 세계로 데려다 줄테니까요. - 김난도(서울대학교 교수)

어린이를 위한 **바보 빅터**
호아킴 데 포사다 · 레이먼드 조 원작 | 전지은 지음
원유미 그림 | 값 12,000원

전 세계 독자를 감동시킨
《마시멜로 이야기》 어린이판

베스트셀러였던 《마시멜로 이야기》 1,2권을 모아 어린이판으로 출간된 흥미진진한 자기계발 동화. 당장 눈앞에 보이는 어려움을 참고 견딘다면 언젠가는 더 큰 만족을 얻을 수 있다는 값진 교훈을 전한다. 끈기와 성공을 동시에 상징하는 마시멜로를 통해 현실 속에서 꿈을 만들어가는 과정을 배워보자.

어린이 마시멜로 이야기
호아킴 데 포사다 원작 | 주경희 엮음
이동승 그림 | 값 12,000원

"욱하는 세상, 둔하게 삽시다!"
덜 상처받고 더 행복해지는 방법, 둔해야 행복해진다!

이시형 박사의

둔하게 삽시다

이시형 글 | 이영미 그림
값 14,000원

과잉의 시대,
당신은 행복하십니까?

출판사상 최초의 논픽션 밀리언셀러를 기록하며 우리 사회에 '배짱 신드롬'을 일으켰던 이시형 박사가 알려주는 과민한 세상에서 행복하게 사는 법. 여유 있게 좀 느슨하게, 내 마음의 소리에 집중하며 둔하게 살자!

"지금, 후회 없이 살고 있습니까?"

"돈 좀 모아놓고 나면, 자리 잡고 나면,
아이들 다 키우고 나면……."

우리는 쓸데없는 일에 시간을 낭비하면서 정작 하고 싶은 일은 쉽게 미룹니다.
'다음에 하지 뭐' 하는 식이지요. 하지만 시간은 우리 사정을 고려하지 않습니다.

만약 내일이 오지 않는다면? 오늘이 내 인생 마지막 날이라면?
당신은 아쉬움 없이 그동안 잘 살았다고, 후회 없는 인생이었다고 말할 수 있을까요?

**죽을 때 후회하지 않는
사람들의 습관**
오츠 슈이치 지음 | 황소연 옮김 | 13,000원

다시 깨어난 히틀러, 유튜브 스타가 되다!?
세계를 발칵 뒤집은 최고의 정치풍자 블랙코미디

독재자, 그가 돌아왔다!
독일 아마존 베스트셀러, 최단 기간 140만 부 판매!
전 세계 38개국 번역 출간, 영화화 2015년 개봉 예정!

그가 돌아왔다
티무르 베르메스 지음 | 송경은 옮김 | 값 13,800원

너무 예쁜 소녀에게 빠지는 순간
당신은 죽는다!

파멸을 부르는 한 소녀의 치명적 아름다움
그녀를 둘러싼 남자들의 추악한 욕망
그녀는 죄 없는 천사인가? 냉혹한 살인마인가?

얀 제거스의 소설은 읽어갈수록 중독되고 만다.
– 슈피겔

얀 제거스는 완벽한 추리 소설을 쓴다. – 프로인딘

마탈러가 다음 작품에서 어떻게 그려질지 궁금하다.
– 디 차이트

너무 예쁜 소녀
얀 제거스 지음 | 값 13,800원

허즈번드 시크릿

리안 모리아티 지음 | 김소정 옮김
마시멜로 | 값 14,800원

"반드시 내가 죽은 뒤에 열어볼 것"
편지를 뜯는 순간, 모든 시간이 멈췄다!

전 세계를 강타한 초특급 베스트셀러

아마존 종합 베스트셀러 1위 ★★★★★
〈뉴욕타임스〉 베스트셀러 1위 ★★★★★
〈USA투데이〉가 뽑은 필독 도서 TOP 30 ★★★★★
영국 최고 서평단이 뽑은 반드시 읽어야 할 도서 ★★★★★

아마존 2014년 '최고의 책' ★★★★★
14,500건이 넘는 열광적인 독자 리뷰 ★★★★★
전 세계 40개국 번역 출간 ★★★★★
헐리우드 영화 판권 계약, 영화화 결정 ★★★★★

50만 독자가 선택한 베스트셀러
《바보 빅터》에 이은 최고의 역작!

호아킴 데 포사다와 함께 베스트셀러 《바보 빅터》를 썼던 저자 레이먼드 조가 홀로서기하며 새롭게 내놓은 최신작으로, 전작 《바보 빅터》에서 자기 안의 믿음에 대해 이야기했다면, 이번 책에서는 사람들 사이의 믿음인 '관계'에 대해 풀어냈다. 직장생활을 무대로 펼쳐지는 일과 인간관계를 집중 조명함으로서 인생에 있어 행복을 결정짓는 두 가지 질문, '자신의 일에 얼마나 만족감을 느끼는가?', '자신과 주변 사람들과의 관계는 좋은가'에 대한 해답을 스스로 찾게끔 안내한다. 이를 통해 우리를 진정한 성공과 행복으로 이끄는 인간관계의 힘이란 무엇인지 알려주고, 진정한 인간관계의 방법론을 제시한다.

상처받지 않고 행복해지는
관계의 힘
레이먼드 조 지음 | 값 13,000원

20만 독자를 사로잡은 베스트셀러
《관계의 힘》 어린이판!

소중한 친구를 만드는 방법으로 '관심 갖기, 먼저 다가가기, 마음 알아주기, 칭찬하기, 함께 웃음 나누기' 등 다섯 가지를 제시한다. 새 학기가 되어 반이 바뀌거나 새로운 학원에 들어갔을 때 친구를 사귀고 싶지만 먼저 다가서기가 부끄럽고 망설여지는 아이, 친구와 다퉜는데 어떻게 화해해야 할지 모르거나 이름과 얼굴 정도만 알던 사이에서 소중한 친구 사이로 나아가고 싶은데 방법을 모르는 아이 그리고 그들을 이끌어야 할 부모와 교사에게 이 책은 든든한 지원군이 되어줄 것이다.

어린이를 위한 관계의 힘 **친구**
레이먼느 소 원작 | 진지은 지음 | 안경희 그림
값 12,000원

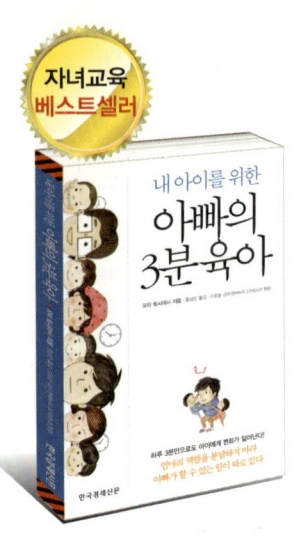

엄마가 몰랐던 아빠만의 육아법
하루 3분이면 아이도 아빠도 달라진다

아이와 어떻게 놀아줘야 하는지 모르는 아빠들, 일과 육아를 병행하고 싶지만 그 방법을 모르는 아빠들에게 단 3분만으로도 충분한 육아법을 공개한다. 아이의 마음속에 아빠의 존재감을 심어주는 3초 대화법, 창의력·집중력·어휘력을 키워주는 아빠의 3분 놀이, 3분조차 시간을 낼 수 없는 아빠들이 시간과 공간에 구애받지 않고 할 수 있는 3분 육아법은 초보 아빠들도 쉽게 따라할 수 있다. 이 책은 바쁜 비즈니스맨들이 꼭 읽어야 할 '아빠 육아 실용서'다.

내 아이를 위한 아빠의 3분 육아
오타 토시마사 지음 | 홍성민 옮김
이호분 감수(연세누리 소아정신과 원장) | 값 12,000원

30년간 3천 가정 연구,
전 세계 800만 부모들을 감동시킨 자녀교육서

30년간 3천 가정을 연구, 조사해왔던 가정치료 전문가 존 가트맨 박사가 아이들을 10년간 관찰하여 탁월한 육아법을 고안했다. 그는 이 장기간 프로젝트로 부모와 아이들에게 감정 지도법을 교육하고 놀라운 변화를 겪었다. 부모에게서 자기감정을 인정받은 아이는 타인의 감정도 쉽게 인정할 수 있었고, 그 결과 대인관계뿐 아니라 학습 향상, 자신감, 건강, 집중력 등 다방면에서 효과가 입증된 것이다. 존 가트맨 박사가 창시한 감정코치 5단계를 제시하고 아이를 바꾸는 기적의 감정지도법을 소개하는 이 책은 부모가 꼭 알아야 할 기본 교과서다.

내 아이를 위한 사랑의 기술
존 가트맨 지음 | 남은영 공저 및 감수 | 값 13,000원

마음을 꿰뚫어 본다면

사람은 번지르르한 겉모습에 마음을 빼앗기기 쉽습니다.
하지만 화려한 외모는 시간이 지날수록 시들해지기 마련이지요.
상대방의 외모만 보는 사람은 타인과 진심으로 마음을 나눌 수 없습니다.
반면에 아름다운 내면은 절대 변하지 않습니다. 오히려 시간이 지날수록 빛을 발하기 마련이지요. 내면에서 우러나는 아름다움은 그 무엇보다 강렬한 빛을 냅니다.
상대방의 얼굴을 훑어보기 전에 마음을 꿰뚫어본다면 훨씬 빨리 서로를 이해하고 가까워질 수 있겠지요.

여러 사람이 모여 더불어
살아가기 위해서는 서로를
진심으로 이해하는 일이
기본 조건으로 필요하다.
…… 공생이 장애물에 부딪치는 이유는 서로를
진심으로 이해하지 못한 채 그저 외면에
이끌려 타인의 겉모습에 속아 넘어가는 위험에
노출되어 있기 때문이다.

《인간 지의 심리학》에서

서로 부둥켜안고 있는 북극곰.
둘이 한 몸으로 찰싹 붙어 있는 모습만큼이나 가족애가 느껴집니다.

아버지, 형제, 친척, 이웃은 대등한
협력자로서 적이 아닌 친구가 된다는
사실을 아이에게 확실히 가르침으로써
타인과 함께하는 과제를 좀 더 발전적으로 추진할 수 있다.
타인은 신뢰할 만한 협력자임을 아이가 인지할수록 공생과
협동심을 갖춘 자립형 인간으로 자라나게 된다.

《삶의 의미를 찾아서》에서

적은 어디에도 없습니다

아이들에게 가족이란 태어나서 처음으로 만나는 자신이 아닌 타인입니다.
세상은 온통 적으로 가득하다, 반대로 세상은 친구로 가득하다고 느끼는 기준은 대체로 어린 시절의 가족 관계에서 판가름 납니다.
하지만 성격은 어른이 되어서도 훈련을 통해 충분히 바뀔 수 있습니다.
지금까지는 세상이 온통 적으로 가득하다고 느꼈더라도 지금 이 순간부터는 적은 어디에도 없고 세상은 친구로 가득하다고 여기는 습관을 길러 보세요.
세상의 친구를 많이 만들면 만들수록 세상의 적은 분명 자취를 감출 테지요.

열대 초원에서 우연히 마주친 사슴 떼와 얼룩말 한 마리.
전혀 다른 남남이지만 마음만은 통할 수 있을까요?

자기 자신만 챙기는 사람은
상대방의 이야기에 귀 기울이지 않고,
상대를 비판하는 일에만
시간을 허비한다.
반대로 상대방에게 용기를 주는 사람은
기운을 잃은 사람의 마음과 문제에 귀 기울이며
상대를 이해하는 일에 정성을 다한다.

〈용기 불어넣어 주기〉에서

비판할 것인가, 이해할 것인가

상대방에게 용기를 주려다가 오히려 상대방의 행동을 비난하거나 비판할 때가 있습니다. 하지만 상대방을 다그치기 전에 기운을 잃고 의기소침해 있는 사람의 마음을 가만히 들어 주세요. 그리고 사실 관계를 객관적으로 파악해 두세요. 비판이나 비난은 그 다음에 해도 늦지 않습니다.

더욱이 상대방도 겉으로 고민을 토해내는 동안에 자신의 마음을 정리해 볼 수 있습니다. 뭔가 진심 어린 조언을 하고 싶을 때는 상대가 스스로 자신의 문제점을 파악하고 난 뒤에 그때 하는 쪽이 훨씬 효과적이랍니다.

공통점은 어디에 있을까요?

의욕을 불어넣어 주는 일에 힘쓰는 사람은 용기를 상실한
사람에게 자신감을 심어 주고 마음의 여유를 되찾게 하고
타인과 친밀해지게끔 유도한다.
그리고 타인과의 공통점을 될 수 있는 대로
많이 보게끔 이끈다.

《용기 불어넣어 주기》에서

처음 만난 사람이라도 취미나 기호가 같으면 대화가 술술 풀리게 마련입니다. 공통 화제가 전혀 모르는 남남을 친구로 맺어 줍니다. 마찬가지로 누군가와 친해지고 싶다면 자신과 다른 점을 비교할 게 아니라 공통점을 찾아보는 건 어떨까요? 물론 공통분모를 발견하려면 평소부터 다양한 분야에 관심을 갖고 자신의 호기심 서랍을 충분히 확보해 두어야겠지요. 바로 이것이 많은 친구를 사귀는 비결이기도 합니다.

나뭇가지에 쪼르륵 앉아 있는 참새 친구들. 누가 봐도 이들은 모두 친구랍니다.

회색바다표범의 인상적인 모습에서 동물의 웃음을 상상해 봅니다. 웃는 얼굴은 모든 이에게 행복을 선사합니다.

누군가가 자신에게 관심을 가져 준다면 당연히 기뻐하게 마련이지요. 겉으로 내색
하지 않아도 마음속으로는 미소가 잔잔히 번집니다.
타인이 관심을 갖고 신경을 써주면 자신도 그 상대방을 좀 더 생각하게 되지요.
그리고 서로의 마음에는 배려가 싹틉니다.
'갑자기 소나기가 쏟아지는데 우산은 챙겨왔을까?'
'밤늦게까지 야근하고 있는데 저녁은 먹고 일하는 걸까?'
이렇게 상대방의 얼굴을 떠올리며 걱정해 주고 또 챙겨 줍니다.
관심과 배려가 친구를 만들어 준답니다.

당신을 좀 더
알고 싶어요!

인생의 과제를 성공으로
이끄는 사람은 인생의
근본적인 의미가 타인을 향한
관심과 협력이라는 점에 충분히 스스로
인정하고 있는 것처럼 행동한다.
타인과 더불어 사는 사회에 동참하는
사람의 행동은 친구에 대한 관심으로
이어진다는 사실을 알 수 있다.

《인생 의미의 심리학》(상)에서

연인이나 가족은 공동체의
기본 바탕이 됩니다.
더욱이 피하려고 해도
피할 수 없는 관계입니다.
또한 가족의 사랑만큼
무조건적인 사랑도 없습니다.
가족과 맺어지는 관계를 진지하게
또 깊이 있게 받아들이는 것이
행복으로 향하는 지름길이 된답니다.

셋째 장

사랑하는 사람과
행복한 인생을 함께한다!

사랑

LOVE OR FAMILY TASK

사랑의 갈등은 혼자 힘으로 해결할 수 없어요.

사랑은 두 사람이 함께 실천에 옮겨야 하는 과업이다.
두 사람이 서로를 필요로 하고 온전히 서로를 받아들일 때
문제를 해결할 수 있다.

〈아들러 심리학의 기초〉에서

사랑은 일방통행이 아닙니다.

사랑의 결실로 가정을 꾸릴 때는 사랑하는 두 사람이 오롯이 서로 한마음이 되어야 합니다. 한 사람이라도 마음이 다른 곳을 향한다면 무늬만 연인이자 겉으로만 부부일 따름입니다.

물론 전혀 다른 두 사람이 마음을 하나로 모으는 일은 참으로 어렵고 힘든 과제입니다. 하지만 일단 두 사람의 마음이 하나가 될 수 있다면 다른 고민거리는 스르르 해결되기 마련이지요.

백조는 한 번 부부의 연을 맺으면 평생 일심동체 부부로 살아갑니다.
그리고 해마다 사랑을 확인합니다.

총각 물총새는 프러포즈할 때 처녀 물총새에게 물고기를 선물로 건넵니다.

평생 함께할 인생의 동반자를 선택하는 기준은 무엇인가요?
'뭐니 뭐니 해도 경제력이죠', '아니 무슨 말씀, 속궁합이 제일 중요하죠' 등등 각자 생각하는 으뜸 기준이 있게 마련이지요. 그런데 돈은 하루아침에 사라질 수도 있고, 평생 속궁합 문제만 따질 수도 없답니다.
특히 상대방이 자기 자신만 챙기고 자신의 일만 생각한다면 사랑의 과제를 달성하기 어렵겠지요.
바로 자신이 아닌 상대방에게 관심을 갖고 상대를 배려해 주는 사람은 최고의 파트너가 될 수 있습니다. 만약 사랑하는 사람에게 관심을 갖고 변함없이 챙겨 주는 사람이라면 돈이나 젊음이 사라져도 행복한 사랑은 영원히 이어질 수 있답니다.

당신에게
관심을 갖고 있다면
최고의 파트너!

배우자를 선택하는 현명한 방법은
육체적인 친밀도나
매력 이외에도
……다음과 같은 점을 생각해야 한다.
우정을 나누고 우정을 지킬 수 있는가,
일에 대한 관심을 갖고 있는가, 그리고
자기 자신보다 사랑하는 상대방에게
관심을 갖고 있는가를 면밀하게 살펴야 한다.

《삶의 의미를 찾아서》에서

부부는 서로 닮는다는 이야기를 많이 합니다.
실제로 상대방을 온전히 받아들이다 보면 서로 닮아 가지 않을까요?

결혼하기 전에는 상대방을
제대로 알려고 노력하라.
하지만 결혼한 후에는 사랑하는 사람을
있는 그대로 받아들이고, 반려자의 개성을
있는 그대로 살려 주어라.

《어떻게 하면 행복해질 수 있을까》(하)에서

장점도 개성, 단점도 **개성**

같은 공간에서 같이 지내다 보면 '아니 그(혹은 그녀)에게 이런 모습이!' 하고 화들짝 놀랄 때가 많습니다.

그렇기에 결혼 전에는 사랑하는 사람을 요리조리 뜯어보면서 어떤 사람인지 제대로 알아 봐야 합니다. 아무래도 면밀하게 살펴보면 배우자에게 실망하는 일이 좀 더 줄어들 수 있겠지요.

하지만 결혼한 다음에는 배우자의 단점도 개성으로 받아들여 주세요.

분명 파트너도 당신의 단점을 발견하고 있는 그대로 받아들여 주고 있을 테니까요.

'장점도 개성, 단점도 개성'은 서로가 서로를 온전히 사랑하는 부부라면 충분히 따를 수 있는 사랑의 계명이랍니다.

얼굴을 부비며 서로 사랑을 확인하는 사자 부부.
커플 주위에 뭔가 신비로운 기운이 감도는 듯합니다.

질투보다는
신뢰를

질투라는 감정에서 긍정적인 결과는 생겨나지 않습니다.
사랑하는 사람과 오래오래 사랑하고 싶다면 질투라는 도구로 상대방을 구속하지 마세요. 질투하기보다는 상대방을 믿어 주세요.
제 아무리 인생의 동반자라고 하더라도 서로 공유하기 힘든 일이 생길 수 있고 인생길에서 헤맬 때도 있습니다.
인생의 미로에서 벗어나는 길은 스스로 찾아야 한답니다. 비록 곁에서 길안내를 도와줄 수는 있겠지만, 미로 탈출은 본인만 할 수 있는 일이랍니다.
그러니 질투심을 내려놓고 자그마한 손전등을 비추면서 가만히 기다려 보는 건 어떨까요?

질투는 타인을 무시하고
비난할 때 도움이 된다.
하지만 질투는 오직 타인의 자유를 빼앗고
타인을 속박하고, 구속하기 위한 수단이다.

《성격의 심리학》에서

함께 어우러져 공동체를 이루는 돌고래. 호흡을 가다듬고, 멋지게 다 같이 점프!

인간의 문화에서 사랑과
결혼은 사회적인 과제다.
결혼은 개인의 행복은 물론이고 사회에
이익을 주기 때문이다. 요컨대 결혼은
인류의 행복을 위해 거행되는
신성한 제도인 것이다.

《개인심리학 강의》에서

'결혼은 사회를 위해!' 라고 오늘날의 젊은이들에게 말한다면 진부하다고 외면할지도 모릅니다. 그도 그럴 것이 오늘날에는 결혼이 지극히 개인적인 일로 여겨지기 때문이지요.

물론 이를 부정할 마음은 없습니다.

하지만 결혼이 가족이나 사회에 도움이 되는 일이라고 생각한다면 더 가치 있는 결혼으로 승화되지 않을까요?

더욱이 가족과 지역사회, 나아가 국가를 생각하는 결혼은 심각한 문제를 야기하지 않습니다. 온화한 모습으로 오래오래 이어집니다.

지금 만약 결혼을 해야 할지 말아야 할지 주저하고 있다면 결혼이 가족이나 사회에 어떤 가치가 있는지 한 번쯤 생각해 보는 것도 의미 있는 일이겠지요.

황새는 수컷과 암컷이 서로 도우면서 새끼를 사랑으로 키웁니다.

결혼은 대등한 파트너십으로,
힘의 균형이 어느 한쪽으로
치우쳐서는 안 된다.

〈인생 의미의 심리학〉(상)에서

사랑하는 사람과 힘겨루기는 이제 그만!

부부 관계에서 누가 더 힘이 센지, 누가 주도권을 가졌는지의 힘겨루기는 전혀 의미가 없습니다.

게다가 경제적인 주도권을 갖고 있다는 이유만으로 배우자를 무시한다면 이는 말도 안 되는 논리이지요. 적어도 사랑하는 반려자라면 상대방의 내면을 볼 줄 알아야 합니다.

그리고 사랑하는 사람을 배려할 줄 알아야 합니다. 상대방에게 자기 자랑만 늘어놓는 사람, 반대로 상대방에게 불필요한 열등감을 품는 사람은 애초 배우자로 선택하지 않는 게 현명하지 않을까요?

엄마의 뱃속 주머니에 살포시 들어 있는 아기 캥거루.
엄마 품보다 더 편안한 곳은 없답니다.

엄마는 타인을 대표하는 사람이지요

> 엄마의 으뜸 과제는 아이가 신뢰할 수 있는 타인을 최초로 경험하게끔 이끌어 주는 일이다. …… 누구나 타인에게 관심을 갖는 능력을 갖추고 태어났다. 하지만 이 능력을 갈고닦지 않으면 공감력은 제 힘을 발휘하지 못한다.
>
> 《인생 의미의 심리학》(상)에서

요즘은 아빠도 엄마도 자녀 교육에 힘쓰는 시대입니다. 다만 산고의 아픔을 겪는 엄마가 아이에게는 좀 더 가깝게 느껴지기 마련이지요.

이 세상에 태어나서 처음으로 만나는 타인이라고 하면 역시 엄마입니다. 엄마는 타인을 대표하는 사람이지요.

사회생활을 할 때 타인과 원만하게 지낼 수 있다면 삶이 덜 고되고 덜 힘들겠지요. 그렇기에 타인은 '너의 아군이고 친구야!'라는 사실을 아이가 충분히 느낄 수 있게끔 도와주세요.

사진에서 몸집이 큰 새가 바로 아빠 새. 호사도요라는 이름을 가진 이 새는 아빠가 아이를 도맡아서 기릅니다.

회사 일보다
더 소중한 일

아무리 의료가 발달한 현대 사회라 하더라도 엄마를 대신해서 아빠가 출산할 수는 없겠지요.

하지만 출산 이후 자녀 교육은, '기저귀 갈아주는 일은 난 절대 못해!', '아기와 놀아주는 일은 나에게 너무 버거워!' 하고 스스로 한계를 짓지 않는 이상, 아빠도 엄마와 똑같이 아이를 돌볼 수 있습니다.

자녀 교육만큼 세상에서 의미 있고 소중한 일이 또 있을까요? 아빠와 엄마가 서로 힘을 모아 아이를 돌보면 가정의 평화가 찾아옵니다.

화목한 가정에서 자란 아이들의 마음은 역시 평온하고 잔잔한 호수와 같답니다.

**아빠의 과제는 몇 마디로
요약할 수 있다.**
아빠는 아내와 아이에게 그리고 사회에 대해
훌륭한 동료임을 스스로 증명해 보여야 한다.
…… 또한 가족을 잘 보살피고 아내와 똑같은
자격으로 자녀 교육에 힘써야 한다.

《인생 의미의 심리학》(상)에서

아장아장 걸음마를 배우기 시작한 아기 황제펭귄.
처음부터 얼음 위를 쌩쌩 달릴 수 있는 펭귄은 없겠지요.

**자녀 교육에서 필요한 것은
이해하는 일, 방심하지 않는 일이다.**
아이가 문제에 직면했을 때 혼자 힘으로 해결할 수
있도록, 그리고 공동체감을 가질 수 있도록
항상 용기를 북돋워 주어야 한다.

《아이의 교육》에서

칭찬보다는 **용기**를 북돋워 주는 말을 해주세요.

흔히들 '많이 칭찬하면서 키워라'고 말합니다.

하지만 항상 달콤한 칭찬의 말만 듣고 자란 아이들은 누군가의 칭찬이 없으면 행동하지 않을 우려도 있습니다. 더욱이 사소한 실수에도 굉장히 힘들어 합니다.

씩씩하고 강한 아이로 키우고 싶다면 칭찬만이 능사는 아닙니다.

알갱이 없는 칭찬보다는 스스로 힘을 내서 홀로서기 할 수 있는 용기를 북돋워 주세요. 실패를 두려워하지 않고 새로운 일에 당당하게 도전하는 용기 있는 사람으로 자라날 테니까요.

혼자가 아니에요,
곁에 누군가 있잖아요

교육의 전체 목적은 아이들이 타인과 더불어 사는 생활에
참가하는 준비를 돕고, 공동체의 구성원으로 자리 매김하여
이를 오랫동안 유지하는 일을 원조하는 것이다.
달리 표현하면 자녀 교육의 으뜸 목적은 인생의 성공과
행복의 열쇠가 되는 공동체감을 길러 주는 데 있다.

《아들러 심리학의 기초》에서

자녀 교육에서 가장 주안점을 두어야 하는 핵심은 '세상에는 친구가 많다, 혼자가 아니다' 라는 사실을 아이 스스로 느끼게 하는 일입니다.

'타인을 위해, 세상을 위해 살아가면 행복해진다' 는 진실을 깨친다면 아이들은 사회를 두려워하거나 무서워하지 않을 테지요.

열심히 공부하며 저마다의 기량을 갈고 닦는 시간도 매우 중요합니다. 스스로 배우고 익힌 지식이나 기술이 그 아이의 인생을 환하게 비추어 줄 테니까요.

그 환한 등불로 세상을 밝게 비추는 행복도 가르쳐 주었으면 합니다.

곰은 태어나서 몇 년 동안은 형제와 함께 엄마 곰과 지냅니다.
가족들과 함께하면서 살아가는 방법을 배우는 것이죠.

"삶의 의미는 무엇일까요?"
더불어 사는 힘을 갖추면 이 질문의 답이 또렷하게 보인답니다.

넷째 장

대자연

SPIRITUAL TASK

이 세상의 모든 존재는
하나로 이어져 있습니다!

공동체는, 이를테면 인류가 완전한 목표를 달성했을 때
생각할 수 있는 영원한 존재라고 인식해야 한다.
왜냐하면 우리가 가치 있다고 여기는 모든 것은
공동체 의식의 영원한 산물이기 때문이다.

〈삶의 의미를 찾아서〉에서

가정, 학교, 지역, 회사, 국가……. 우리는 다양한 공동체 속에서 살아갑니다.
공동체를 구성하는 것은 단순히 인간이나 동물에 국한되지 않습니다.
생물은 지구 자연의 일부이고 지구는 우주의 일부분입니다.
공동체 안에서는 생물과 무생물의 경계 따위 없습니다.
나아가 공동체는 시간과도 이어져 있습니다.
우리는 과거의 결과로 존재하고 현재의 우리가 미래를 조금씩 바꾸어 나갑니다.

우리는 혼자가 아닙니다.

CONCLUSION 더불어 함께하면서

꾸밈없는 동물들의 모습과 가슴을 파고드는 아들러의 글귀, 만끽하셨나요?

'나를 희생해서 동료와 사회에 보탬이 되라고, 말도 안 돼! 이상론에 불과해!!'
하며 볼멘소리를 하는 사람도 있을지 모릅니다.
하지만 아들러 심리학은 이상을 존중하는 학문입니다.
이상향을 포기한다면 여러분, 나아가 인류의 발전은 없다고 생각합니다.

우리의 먼 조상도 옛날 옛적에는 짐승처럼 생활했습니다.
다른 짐승에 비해 힘이 약했기 때문에 가까이 있는 사람과 함께 힘을 모으고 서로 도와주는
공존 공생이 긴긴 세월 동안 쌓이면서 오늘날의 인류로 자리매김 할 수 있었던 것이지요.

현대 사회에서는 인간관계의 고리가 느슨해져서 하나 됨을 좀처럼 느끼지 못합니다.
하지만 한 사람 한 사람의 존재가 밝은 사회를 만들어 나가는 데 기여하고 있다는 점은
틀림없는 사실입니다.

일터나 가정, 다양한 장소와 시간에서 아들러의 가르침을 되새겨 보는 건 어떨까요?
분명 여러분의 인생을 극적으로 변모시키리라 확신합니다.

인생이 술술 풀리지 않을 때, 길을 헤맬 때 다시 이 책을 펼쳐 봐 주세요.
더불어 살아가는 동물들의 모습에서 맺어지는 용기, 소통의 용기를 얻을 수 있을 테니까요.

이와이 도시노리

참고 문헌

- 《人生の意味の心理学(인생 의미의 심리학)》(上·下), アルフレッド アドラ−, 岸見一郎 편역, アルテ, 2010.
  (Alfred Adler, 《What life should mean to you》, 1931.)
- 《生きる意味を求めて(삶의 의미를 찾아서)》, アルフレッド アドラ−, 岸見一郎 편역, アルテ, 2008.
  (Alfred Adler, 《Der Sinn des Lebens》, 1933.)
- 《個人心理学講義 ― 生きることの科学(개인심리학 강의 – 삶의 과학)》, アルフレッド アドラ−, 岸見一郎 편역 アルテ, 2012.
  (Alfred Adler, 《The Science of Living》, 1929: 《삶의 과학》, 정명진 옮김, 부글북스, 2014.)
- 《人間知の心理学(인간 지의 심리학)》, アルフレッド アドラ−, 岸見一郎 편역 アルテ, 2008.
  (Alfred Adler, 《Menschenkenntnis》, 1927: 《인간이해》, 라영균 옮김, 일빛, 2009.)
- 《性格の心理学(성격의 심리학)》, アルフレッド アドラ−, 岸見一郎 편역 アルテ, 2009.
  (Alfred Adler, 《Menschenkenntnis》, 1927: 《인간이해》, 라영균 옮김, 일빛, 2009.)
- 《子どもの教育(아이의 교육)》, アルフレッド アドラ−, 岸見一郎 편역 アルテ, 1998.
  (Alfred Adler, 《Kindererziehung》, 1930: 《알프레드 아들러, 교육을 말하다》, 김세영 옮김, 부글북스, 2015.)
- 《アドラ−心理学の基礎(아들러 심리학의 기초)》, ルドルフ ドライカース, 宮野栄 편역, 一光社, 1996.
  (Rudolf Dreikurs, 《Fundamentals of Adlerian Psychology》, 1975.)
- 《人はどのように愛するのか ― 愛と結婚の心理学(사람은 어떻게 사랑할까 – 사랑과 결혼의 심리학)》, ルドルフ ドライカース, 前田憲一 편역, 一光社, 1996.
  (Rudolf Dreikurs, 《The Challenge of Marriage》, 1974.)
- 《どうすれば幸福になれるか(어떻게 하면 행복해질 수 있을까)》(上), W. B. ウルフ, 前田啓子 편역, 一光社, 1994.
  (W. Beran Wolfe, 《How to be Happy Though Human》, 1931: 《어떻게 행복해질 수 있을까》, 박광순 옮김, 매일경제신문사, 2012.)
- 《どうすれば幸福になれるか(어떻게 행복해질 수 있을까)》(下), W. B. ウルフ, 仁保真佐子 편역, 一光社, 1995.
  (W. Beran Wolfe, 《How to be Happy Though Human》, 1931: 《어떻게 행복해질 수 있을까》, 박광순 옮김, 매일경제신문사, 2012.)
- 《やる気を引き出す敎師の技量(의욕을 끌어내는 교사의 기량)》, ルドルフ ドライカース, パール キャッセル, 松田荘吉 편역, 一光社, 1991.
  (Rudolf Dreikurs, Pearl Cassell, 《Discipline without Tears》, 1972: 《눈물 없는 훈육》, 최창섭 옮김, 원미사, 2007.)
- 《勇気づけ ― 積極的な人間になるための秘訣(용기 불어넣어 주기 – 적극적인 인간이 되기 위한 비결)》, ドン ディンクマイヤー, ルイス ローソンシー, 柳平彬 편역, 発心社, 1983.
  (Don Dinkmeyer, Lewis Losoncy, 《The encouragement book: becoming a positive person》, 1980.)

나에게 용기를 주는 한 마디
함께

제1판 1쇄 인쇄 | 2015년 6월 23일
제1판 1쇄 발행 | 2015년 7월 03일

지은이 | 이와이 도시노리
옮긴이 | 황소연
펴낸이 | 고광철
펴낸곳 | 한국경제신문 한경BP
편집주간 | 전준석
편집 | 송인국 · 이혜영
기획 | 이지혜 · 백상아
홍보 | 정명찬 · 이진화
마케팅 | 배한일 · 김규형
디자인 | 김홍신

주소 | 서울특별시 중구 청파로 463
기획출판팀 | 02-3604-553~6
영업마케팅팀 | 02-3604-595, 583 FAX | 02-3604-599
H | http://bp.hankyung.com   E | bp@hankyung.com
T | @hankbp   F | www.facebook.com/hankyungbp
등록 | 제 2-315(1967. 5. 15)
ISBN 978-89-475-4026-1   03810

책값은 뒤표지에 있습니다.
잘못 만들어진 책은 구입처에서 바꿔드립니다.